사회는 쉽다!

★초등학교 교과서와 함께 봐요!

사회 4-2 2. 필요한 것의 생산과 교환
사회 6-1 2. 우리나라의 경제 발전

시장과 경제

사회는 쉽다!

석혜원 글·이창우 그림

비룡소

차례

1 슬기로운 경제생활 경제를 알아야 할 이유

하늘에서 돈이 떨어지게 해 주세요! · 8   원하는 걸 모두 사고 싶어 · 16
합리적인 선택은 어려워 · 18   그래서 경제를 알아야 해 · 20

더 알아보기 최초의 돈은 무엇이었을까? · 22
알쏭달쏭 낱말 사전 · 24   도전! 퀴즈 왕 · 28

2 경제를 알면 주머니가 두둑해진다? 용돈 사용하는 법

용돈이 부족해! · 30   왜 저축을 해야 되지? · 32
은행은 돈의 흐름을 원활하게 해 줘 · 34   투자를 해서 돈을 불려 볼까? · 36
빌린 돈은 반드시 갚아야 해! · 38   나누면 커지는 마법을 부려 봐 · 40

더 알아보기 소득의 종류 · 42
알쏭달쏭 낱말 사전 · 44   도전! 퀴즈 왕 · 48

3 우리가 물건을 만나기까지 기업과 시장의 경제 활동

물건과 서비스를 만들어 팔자! · 50   가격은 기업 마음대로 해도 된다? · 52
기업끼리 경쟁을 벌이면 소비자는 웃을까? · 54
수많은 물건을 한곳에서 만나다! · 56
물건이 소비자에게 오기까지 · 58
더 알아보기 가격을 움직이는 보이지 않는 손! · 60
알쏭달쏭 낱말 사전 · 62   도전! 퀴즈 왕 · 66

4 특명, 더 큰 시장으로 나가라! 경제 교류와 무역

무역이란 무엇일까? · 68   왜 무역을 할까? · 70
다른 나라에서도 사업할 거야! · 72   세계는 경제로 연결되어 있어 · 74
더 알아보기 자유로운 듯 자유롭지 않은 무역의 세계 · 76
알쏭달쏭 낱말 사전 · 78   도전! 퀴즈 왕 · 82

5 사람과 지구를 행복하게 하는 경제 새로운 경제 활동

착한 소비가 뭐야? · 84   비닐봉지야, 이제 안녕! · 86
사지 않을 거야, 빌려 쓰면 되니까! · 88   빌려서 사용하기는 계속해서 진화해 · 90
버리지 말고 팔거나 나누어 봐 · 92
더 알아보기 어떤 소비자가 될까? · 94
알쏭달쏭 낱말 사전 · 96   도전! 퀴즈 왕 · 100

① 슬기로운 경제생활

경제를 알아야 할 이유

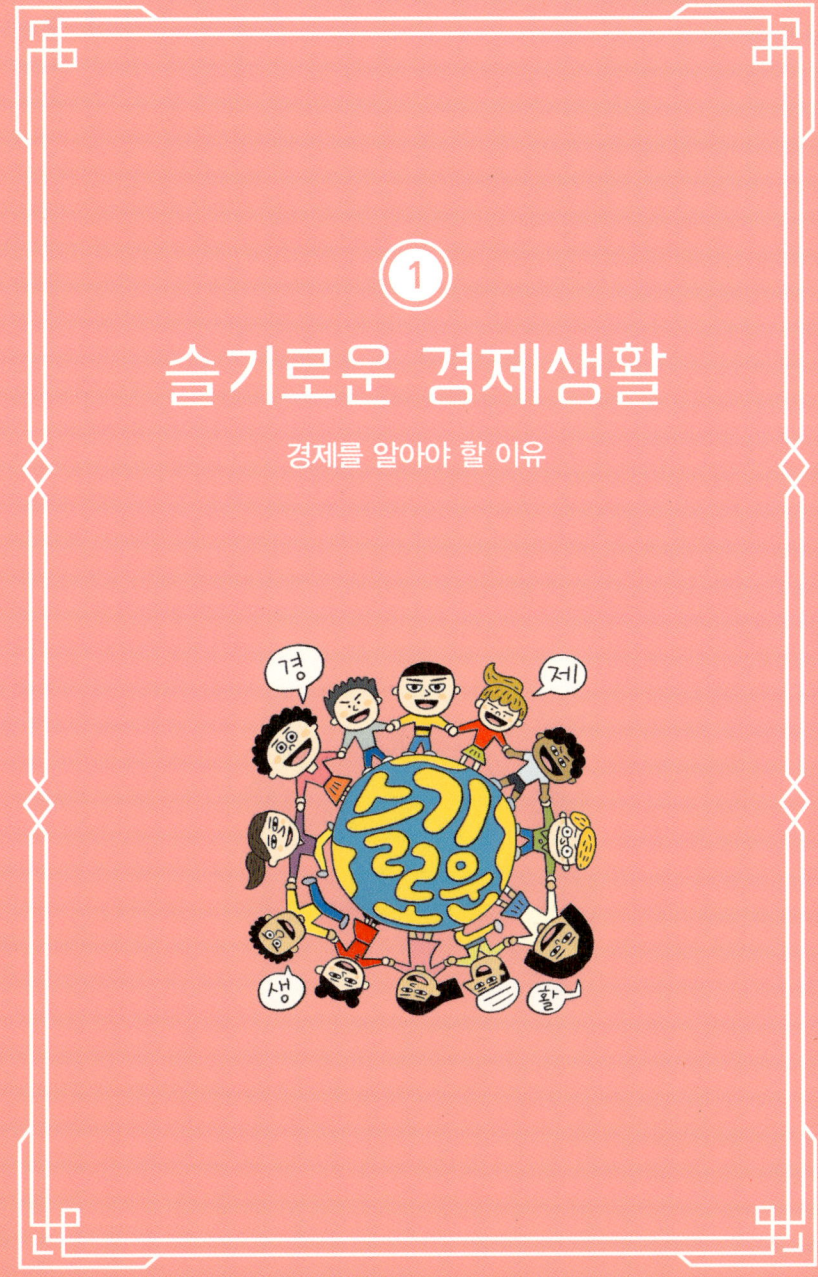

하늘에서 돈이 떨어지게 해 주세요!

　너희도 항상 용돈이 부족해서 '하늘에서 돈이라도 떨어졌으면.' 하고 생각하니? 어쩌나, 절대 하늘에서 돈이 떨어질 리가 없는데. 그러지 말고 경제 지식을 쌓고 좋은 경제 습관을 길러 보자. 씀씀이를 관리하는 능력이 생기면 돈이 없어서 쩔쩔매는 일은 생기지 않을 거야.

원하는 걸 모두 사고 싶어

갖고 싶은 걸 나열하기 시작하면 정말 한도 끝도 없어. 스마트폰, 운동화, 가방, 게임기 등 너무 많지. 그래도 여기서 딱 하나만 골라야 한다면 뭘 고를 거야? 왜 꼭 골라야 하냐고? 우리가 가지고 있는 돈으로는 전부 살 수 없으니까 그렇지.

돈을 갖고 싶어 하는 만큼 끝없이 가질 수 있는 사람도 있냐고? 사람마다 가질 수 있는 양이 다르긴 하지만 돈은 양이 한정되어 있기 때문에 끝없이 가질 수는 없어. 돈만 그럴까? 시간도 마찬가지야. 누구에게나 하루는 딱 스물네 시간이지. 이처럼 원하는 만큼 가질 수 없는 자원에는 희소성이 있다고 해.

우리가 무언가를 선택하는 순간이 생기는 이유는 바로 희소성 때문이야. 돈이나 자원이 한정되어 있으니 선택해야 한다는 뜻이지.

그렇다고 일상생활에서 물건을 선택할 때 무조건 희소성이 있는 걸 먼저 선택하진 않아. 이렇게 생각해 보면 어떨까. 네가 당장 숨이 막힐 만큼 목이 마르다고 치자. 네 앞에는 생수 여러 개와 세상에 딱 하나밖에 없는 특별 꿀 고구마가 있어. 그럼 뭘 선택하겠어? 당연히 물이겠지. 이런 상황에서는 세상 어떤 귀한 음식보다 물이 최고일 거야.

    이렇게 어떤 선택을 할 때에는 그 결과에 얼마나 만족할 수 있느냐를 따져 보는 게 무척 중요해. 그러면 선택할 때 생각해 볼 건 또 뭐가 있을까? 이제부턴 그 이야기를 해 볼게.

합리적인 선택은 어려워

아까 갖고 싶다고 했던 물건들 기억나? 이제 하나만 골라 볼까? 스마트폰과 운동화는 아직 쓸 만하다면, 가방과 게임기 중에서 골라야겠네. 게임기로 결정했다고? 그럼 가방을 포기했으니 기회비용은 가방이구나! 아, 기회비용이 뭐냐고? 어떤 것을 선택하면서 포기해야 하는 대가를 기회비용이라고 해.

앞에서 본 지훈이 이야기를 다시 떠올려 보자. 지훈이는 포켓몬스터 카드를 사면 뽑기를 할 수 없다고 말했어. 그러면서 포켓몬스터 카드를 사 버렸지. 이럴 때 지훈이의 기회비용은 바로

뽑기야. 카드를 사면서 뽑기를 포기했으니까.

사실 우리는 물건을 살 때마다 나도 모르는 사이에 많은 걸 고민해. 내가 가지고 있는 돈으로 살 수 있는 물건인지, 나에게 꼭 필요한 물건인지, 오래 쓸 수 있는 물건인지 등을 따져 보게 돼. 이렇게 네가 요모조모 따져서 선택한 것에 무척 만족했다면 합리적인 선택을 한 거야. 이건 물건을 살 때만 해당하는 이야기는 아냐. 어떤 상황을 선택할 때에도 마찬가지지.

이럴 때에는 어떤 선택이 합리적일까? 집으로 오는 길에 친구가 아이스크림을 사 줄 테니 함께 편의점에 가자고 했어. 하지만 집에 곧장 가면 게임을 10분 더 할 수 있어. 그럼 이 공짜 아이스크림을 먹을까, 말까? 기회비용이 무엇인지 잘 생각해 보렴.

그래서 경제를 알아야 해

생활 속에서 선택해 나가는 일들 모두는 경제 활동이야. 우리의 일상생활을 들여다보면 하루 동안 끊임없이 경제 활동이 이어지고 있다는 걸 알 수 있어. 경제의 눈으로 보면 일상은 모두 생산과 소비, 분배 활동으로 이루어져 있단다.

생각해 봐. 학교에서 선생님은 학생을 가르치고, 시장에서 상인들이 물건을 팔고, 농부는 농사를 짓고, 공연장에서 배우와 가수 들이 공연을 해. 주변 곳곳에서 물건이나 서비스를 생산하는 일이 벌어지고 있어.

우리는 어때? 학교에 가서 수업을 받고, 편의점에서 간식을 사고, 공연을 관람하거나 병원에서 진료를 받는 등 소비를 하지. 소비에 필요한 돈은 어디서 나더라?

가게 사장님은 가게를 운영해서 돈을 벌고, 회사원은 회사에서 일하고 임금을 받아. 이럴 때 생산에 참여한 사람들이 마땅한 몫을 나누었기 때문에 분배가 이루어졌다고 해. 이 돈으로 우리는 또 소비를 하고 생산에 참여할 수 있어. 그래서 생산, 소비, 분배가 잘 맞물려 돌아가면 경제 활동이 원활하다고 하지.

이런 경제 활동뿐만 아니라 이와 관련된 질서나 제도까지 모두 합치면 그걸 경제라고 해. 세상 모든 일이 경제와 관련되어 있다고 해도 될 정도지. 더 나아가 나만 잘 먹고 잘 살면 되는 게 아니라 모두 함께 잘 살아야 하는 이유도, 지구 환경을 지켜야 하는 이유도 경제에서 답을 찾을 수 있어.

더 알아보기

최초의 돈은 무엇이었을까?

옛날에는 물건을 파는 상인도 없었고 돈도 없었어. 왜냐고? 필요한 물건은 뭐든지 가족끼리 힘을 모아 직접 만들어 썼거든. 먹을거리를 얻기 위해 논과 밭에서 곡식과 채소를 기르고, 강이나 바다에서 물고기를 잡았지. 그러다 마을을 이루고 사회가 구성되면서 사람들 사이에 '거래'라는 게 생겨났어. 거래는 사람들에게 어떤 변화를 가져다줬을까?

거래의 시작, 물물 교환

사람들은 각자 쓰고 남은 물건을 서로 바꿀 수 있으면 모든 걸 직접 만들지 않아도 된다는 걸 깨달았어. 그래서 자기가 필요한 물건을 가지고 있는 사람을 찾아가 자신의 물건과 바꾸는 물물 교환을 하게 됐어.

문제는, 서로 바꾸고 싶은 물건이 딱 맞는 경우가 별로 없다는 거였어. 사람들은 들고 다니기 쉽고 어떤 것과도 바꿀 수 있는 귀한 물건들을 돈처럼 쓰기 시작했어. 소금, 조개껍질, 곡식, 가축, 납작한 돌, 돌돌 뭉친 찻잎 등이 그런 물건이었지. 하지만 이런 물건들은 깨지거나 녹아서 없어지면 돈을 잃는 거나 마찬가지라 낭패였어. 그래서 사람들은 단단하면서도 잘 변하지 않는 물건을 찾아냈어. 그건 금속이었어. 자, 이제 모든 문제가 해결됐을까?

세계 최초의 돈 등장!

금속은 모양과 무게가 제각각이라 거래할 때마다 하나하나 무게를 재야 하는 불편함이 있었어. 사람들은 아예 금속에 무게를 표시해 놓았지. 그랬더니 이번엔 원래 표시를 긁어내고 무게를 늘려서 표시하는 못된 사람들이 등장하더래. 지금으로부터 2600년 전쯤, 오늘날 튀르키예 자리에 있던 리디아 왕국의 크로이소스 왕은 이런 속임수를 없앨 방법을 연구했어. 왕은 은과 금의 합금인 호박금을 동글납작하게 똑같은 모양으로 만들었어. 앞쪽에는 왕을 상징하는 사자를 새기고, 뒤쪽에는 값과 무게를 새겼지. 이를 증명하는 도장도 찍었어. 드디어 세계 최초로 돈이 만들어진 거야.

이 돈은 가지고 다니기도 편했지만, 무엇보다 믿고 쓸 수 있어서 좋았어. 리디아 왕국 안에 살고 있는 사람들이라면 누구나 받아들일 수 있는 돈이 등장한 거야.

알쏭달쏭 낱말 사전

경제 활동

사람들은 살아가는 데 필요한 것들을 얻기 위해 경제 활동을 해요. 꼭 물건을 사고팔아야만 경제 활동이 아니에요. 경제 활동은 무언가를 만들거나 일해서 돈을 벌고, 번 돈으로 원하는 것을 사고, 사용하는 모든 활동을 말해요.

문구점에서 학용품을 고르는 학생의 모습이에요. 학용품을 사고 그걸 사용해 공부하는 활동 모두가 경제 활동에 해당하지요.

돈

돈이라는 말은 다양한 뜻을 지니고 있어요. '한국에서 사용하는 돈'이라고 하면 한국은행이 발행하는 '화폐'를 말해요. '아이스크림을 사고 돈을 낸다.'라고 하면 아이스크림의 값을 치르기 위한 '지불 수단'을 뜻하죠. '유명한 축구 선수가 되면 돈을 많이 번다.'라고 하면 '소득'을 뜻하고, '옆집 할아버지는 돈이 많은 부자다.'라고 하면 '재산'이라는 뜻이에요.

유럽 연합에서 쓰는 화폐인 유로의 사진이에요. 돈은 좁은 의미로 어디에서든 사용할 수 있는 지불 수단인 '화폐'를 뜻해요. 따라서 가맹점 또는 정해진 곳에서만 사용할 수 있는 신용 카드와 직불 카드, 상품권이나 스마트 머니는 엄격하게 말해서 돈이 아니에요.

분배

생산 활동으로 벌어들인 돈을 생산에 참여한 사람에게 나누어 주는 것을 분배라고 해요. 일을 하고 회사에서 임금을 받거나 생산한 물건을 팔아 돈을 버는 것뿐만 아니라, 은행에 예금하고 이자를 받는 것도 분배 활동에 해당해요.

시장은 생산과 소비, 분배가 한 장소에서 이루어지는 대표적인 곳이에요. 서비스와 물건을 판매하는 사람과 사려는 사람이 있고, 생산한 사람들이 벌어들인 돈으로 다시 소비를 하지요.

공연장에서 오케스트라 공연을 하는 모습이에요. 사람들의 생활을 즐겁고 편리하게 해 주는 활동도 생산 활동에 해당해요.

생산

팔기 위해 무엇을 만드는 일 또는 우리 생활을 편리하고 즐겁게 해 주는 서비스 활동을 생산 활동이라고 해요. 농사를 짓는 등 자연에서 필요한 것을 얻는 일, 생활에 필요한 건물을 짓고 물건을 만드는 일, 병원에서 환자를 진료하는 일, 물건을 파는 일 등이 모두 생산에 해당하지요.

소비

돈을 내고 물건을 사거나 서비스를 이용하는 활동이에요. 가게나 온라인 쇼핑몰에서 물건을 사고, 극장에서 영화를 보고, 학원에 가서 무언가를 배우거나 돈을 내고 게임을 했다면 모두 소비 활동을 한 것이에요.

돈을 내고 미용실에 가서 머리를 손질하는 것도 소비 활동에 해당해요. 꼭 물건을 구입해야 소비를 하는 것은 아니랍니다. 이렇게 서비스를 받는 것도 소비 활동이에요.

합리적인 선택

가장 적은 비용을 쓰면서 가장 큰 효과나 만족을 얻을 수 있는 선택을 합리적인 선택이라고 해요. 여기서 '비용'에는 돈만 해당하는 것이 아니라 시간이나 편리함 등도 포함돼요. 만약 무거운 짐을 들고 이동할 때 버스나 지하철 비용보다 돈을 더 내도 택시를 탔더니 빠르고 편해서 기분이 좋았다면, 그 선택은 합리적인 선택이지요.

희소성

사람들이 필요로 하는 것보다 자원이 부족한 상태를 말해요. 희소성은 지역이나 상황에 따라 달라져요. 예를 들어 난방 기구는 추운 지역에서는 꼭 필요하지만 일 년 내내 더운 열대 지방에서는 거의 필요하지 않아요. 그래서 열대 지방에서 난방 기구는 희소성 있는 물건이 아니지요.

아래 사진은 은행에 쌓여 있는 5만원 권 지폐의 모습이에요. 돈은 은행에 아무리 쌓여 있어도 우리가 가질 수 있는 양이 한정되어 있기 때문에 희소성이 있는 거예요.

⭐ 도전! 퀴즈 왕

아래 내용을 잘 읽고 맞으면 ○, 틀리면 ✕를 표시하세요.

1. 무언가 선택할 때, 비용은 가장 적게 들이면서 가장 큰 효과나 만족을 얻을 수 있는지를 따져 보아야 해요. 선택을 할 때 따져 보는 비용은 돈만이 아니라, 시간이나 편리함 등도 포함되지요. (   )

2. 경제 활동이란 돈을 버는 일이에요. 그래서 어린이는 경제 활동과 아무 상관이 없어요. (   )

3. 돈을 주고 물건을 사는 것만 소비 활동이고 병원에 가서 진료를 받거나 공연을 보는 건 소비 활동이 아니에요. (   )

4. 각자 쓰고 남은 물건을 자기가 필요한 물건과 바꾸는 물물 교환이 이루어지면서, 사람들은 필요한 모든 걸 직접 만들지 않게 되었어요. (   )

정답 1.○ 2.✕ 3.✕ 4.○

②
경제를 알면
주머니가 두둑해진다?

용돈 사용하는 법

용돈이 부족해!

다들 용돈 잘 관리하고 있니? 친구 생일 선물을 사야 하는데 한 달 용돈을 일주일 만에 다 써 버렸다고? 딱하다. 둘러보면 용돈을 받자마자 다 써 버리는 어린이가 제법 많아. 그러고 나면 돈을 꼭 써야 할 일이 생겼을 때 쩔쩔매곤 하지.

지금부터 용돈 관리를 잘할 수 있는 비결을 알려 줄게. 바로 예산을 짜는 습관을 들이는 거야. 쉽게 말해서, 용돈을 받으면 계획부터 세우고 이에 따라 돈을 쓰는 거지. 그렇게 하면 꼭 써야 할 돈은 남겨 놓게 되거든.

이제 용돈을 어떻게 쓸지 차근차근 계획을 세워 보자. 먼저 저축할 금액부터 정할 건데, 용돈의 30퍼센트 정도는 저축하면 좋아. 그러니까 용돈이 1만 원이면 3천 원을 저금하는 거야. 저축부터 하고 남은 돈 안에서 학용품비, 교통비 등 꼭 써야 하는 것부터 순서를 정해 봐. 10퍼센트 정도는 어려운 사람을 위해 기부하면 좋고.

예산대로 돈을 썼는지 점검할 때에는 용돈 기입장을 쓰는 게 효과적이야. 용돈 기입장에는 날짜, 내용, 받은 돈, 쓴 돈, 남은 돈 등을 기록해. 매월 마지막 날에는 받은 돈의 합계와 쓴 돈의 합계가 얼마나 차이 나는지 계산하자. 그러고 나서 남은 돈과 같은지 비교해 보면 돼.

용돈 기입장을 쓰고 어디에 돈을 썼는지 확인하는 습관을 들이면, "용돈이 부족해!"라고 비명 지를 일이 없을걸. 용돈 기입장 쓰기가 너무 어렵다고? 그렇다면 우선 돈을 쓴 날짜와 내용만 간단히 기록해 봐. 그것만으로도 소비 습관을 점검할 수 있을 거야. 용돈 기입장이나 지출 기입장 애플리케이션도 있으니까 마음에 드는 것이 있는지 찾아보렴. 네가 손쉽게 꾸준히 쓸 수 있는 방법을 정해서 용돈 관리에 도전해 봐!

용돈 기입장

날짜	내용	받은 돈	쓴 돈	남은 돈
12월 1일	지난달 남은 돈			9,000원
	12월 용돈	50,000원		59,000원
12월 2일	저축		15,000원	44,000원
12월 2일	보민이 생일 선물		3,000원	41,000원
12월 3일	스티커 북		2,000원	39,000원

왜 저축을 해야 되지?

예산 짜는 이야기를 해 보면 용돈의 30퍼센트를 저축하라는 말에 다들 놀라더라. 용돈이 늘 부족한데 저축까지 하라니 어이없다고 해. 하지만 가진 돈을 모두 써 버리는 버릇은 빨리 고쳐야 하는데……. 세 살 버릇 여든까지 간다고, 어른이 되어서도 빈털터리로 살 텐데 그러면 안 되잖아.

그래도 왜 **저축**을 해야 하는지 모르겠다고? 사람마다 이유가 다르겠지만 몇 가지 예를 들어 볼게. 네가 나중에 커서 일을 하던 중에 아파서 병원에 가야 하거나, 갑자기 회사가 문을 닫아 돈을 벌지 못하게 되면 정말 난처하겠지? 이렇게 예상하지 못한 일이 생겼을 때 저축한 돈이 있으면 위기를 잘 넘길 수 있어.

뿐만 아니라 자동차를 사거나 대학 등록금을 내는 등 큰돈이 필요한 경우에도 저축한 돈이 있으면 도움이 되지. 그리고 더 많은 돈을 모으기 위해 투자를 하려면 미리 저축해서 어느 정도 돈을 모아 두어야 해.

큰일에 대비해서 돈을 모으는 일이 너무 먼 이야기 같다고?

아닐걸. 아까 한 달 용돈을 금세 다 써 버리고 모아 둔 돈도 없어서 친구 생일 선물을 못 샀다고 하지 않았어? 저축해 둔 돈이 있었다면 어땠을까? 아마 돈이 없어 당황하는 일은 없었을 것 같아.

은행은 돈의 흐름을 원활하게 해 줘

땡그랑! 이게 무슨 소리지? 어머나, 돼지 저금통에 돈 넣는 소리라고? 드디어 저축할 마음이 생겼구나. 역시 가장 손쉽게 저축하는 방법은 돼지 저금통에 돈을 모으는 거야.

돼지 저금통에 어느 정도 돈이 모이면 저금통을 들고 신나게 은행으로 달려가자. 은행에 저축을 해 두면 이자를 주니까 돈이 불어나는 재미도 느낄 수 있어. 이자란 돈을 빌려 쓰고 치르는 대가야. 우리가 예금을 하면 은행이 저축한 사람에게 돈을 빌리는 셈이 되니까 금리에 따라 이자를 주는 거지.

은행을 이용한 저축은 나라를 위해서도 좋은 일이야. 은행에 예금해 맡겨 놓은 돈은 기업이 빌려 가서 공장을 짓고, 기계를 사는 등 투자를 하거든. 투자가 활발해져야 일자리가 늘어나고, 경제도 활발하게 돌아가서 나라도 부자가 될 수 있어.

물론 기업에게만 돈을 빌려주는 건 아니야. 은행은 우리가 저축한 돈을 보관하고 있다가 돈이 필요한 사람들에게 빌려주기도 해. 은행은 그 사람들에게 이자를 받아서 돈을 불려 두는 거지.

　이제 은행에 가서 예금을 할 거라고? 그러려면 먼저 통장을 만들어야 해. 어떤 예금 통장을 만들면 좋은지 조금 힌트를 줄게. 매달 꼬박꼬박 저축을 하려면 정기 적금을 들고, 아무 때나 돈을 맡기고 필요할 때마다 찾아 쓰려면 보통 예금 통장을 만들면 돼. 저축을 해서 목돈을 마련했을 때에는 정기 예금을 들어 돈을 불리고. 한 사람이 통장을 여러 개 만들어도 된단다. 너의 저축을 응원할게!

투자를 해서 돈을 불려 볼까?

투자라는 단어를 들으면 괜히 어렵다고 생각하는 친구들이 있는데, 저축이랑 투자의 차이를 알면 이해하기 쉬울 것 같아. 저축은 적은 돈을 차근차근 모으는 거라면, 투자는 어느 정도 모인 돈을 가지고 불리는 거야. 그러니까 손에 눈을 모아 주먹만 한 눈덩이를 만드는 일은 저축, 그 눈덩이를 굴려서 큰 눈덩이로 만드는 건 투자라는 거지. 여기서 '주먹만 한 눈덩이'는 바로 투자를 하기 위해 필요한 종잣돈이 돼.

투자는 돈을 불리기 위해 예금이나 펀드 같은 금융 상품에 목돈을 맡기거나, 주식이나 부동산 등을 사는 일을 뜻해. 그리고 기업이 생산 활동을 위해 공장을 만들거나 기계 같은 생산 시설에 돈을 들이는 것도 투자라고 해.

그런데 투자를 할 때 알아 둘 게 있어. 수익이 많이 나는 금융 상품일수록 손해를 볼 위험도 크다는 점이야. 무슨 이야기인가 하면, 은행 예금에 저축을 하면 이자는 낮지만 내가 저축한 돈만큼은 지킬 수 있어. 하지만 주식에 투자했을 때에는 내가 산

주식의 가격이 많이 오르면 큰돈을 벌 수도 있고, 주식의 가격이 떨어지면 내가 가지고 있던 돈까지 잃을 수도 있지. 그래서 주식 투자를 잘하려면 경제 공부도 많이 하고 신중해야 해.

빌린 돈은 반드시 갚아야 해!

앞에서 은행에서는 저축뿐 아니라 돈을 빌리는 일도 할 수 있다고 했어. 은행이 돈을 맡기는 사람과 돈을 빌리려고 하는 사람들 사이에서 다리 역할을 하는 셈이야.

그럼 뭐든 사고 싶은 게 있을 때에는 우선 은행에서 돈을 빌려서 사면 될까? 그런 생각은 위험해. 돈을 빌리는 행동은 아주 아주 신중해야 하거든.

은행은 오랜 기간 돈을 빌려준 경험을 바탕으로 돈을 빌리려는 사람의 신용을 평가하는 시스템을 갖추고 있어. 빌린 돈을 제때 갚을 수 있는 능력을 보는 거지. 은행은 이 시스템을 기준으로 돈을 잘 갚을 수 있는 사람이 아니라고 판단하면 절대 돈을 빌려주지 않아.

은행에서는 신용 카드를 쓰고 돈을 잘 갚았는지도 살펴봐. 신용이 나쁘다는 평가를 받은 사람들의 목록은 은행에서 따로 분류해서 저장해 둬. 이 정보는 금융 회사들끼리 서로 볼 수 있도록 되어 있어. 그래서 신용이 나쁘면 돈을 빌릴 수 없고, 신용 카드나 심지어 휴대폰도 자기 이름으로 만들 수 없어.

신용을 지키는 일이 얼마나 중요한지 알았지? 이 이야기를 듣고 보니, 지난주에 친구에게 빌린 천 원을 갚지 않은 게 생각났다고? 친구들 사이에 신용 없는 아이로 소문나면 큰일인데. 어서 갚고, 꼭 미안하다고 사과하자.

나누면 커지는 마법을 부려 봐

용돈을 잘 쓰고 잘 모으는 걸 배웠으니 이제 나누는 기쁨도 누려야지. 용돈 계획을 세울 때 '기부'라는 항목도 만들어 놓자. 적은 금액이어도 좋아. 꾸준하게 한다는 게 중요하거든.

기부는 아무런 대가를 바라지 않고 돈이나 물건을 다른 사람에게 주는 걸 말해. 경제적 사정이 어려운 사람을 도울 수도 있고, 환경을 지키고 인권을 보호하는 일에도 기부할 수 있어. 어린이 학대를 예방하거나 고통받는 어린이를 도울 수도 있지. 지구촌 문제를 살피는 국제기구에도 기부할 수 있고.

이렇게 다양한 활동을 하는 단체에 기부하려면 어떻게 해야 하냐고? 요즘은 온라인으로 쉽게 돈을 보낼 수 있는 것 알지? 현금 말고 적립금으로 기부할 수도 있고.

그런데도 용돈 기입장에 기부 항목을 쓰는 친구는 정말 드물더라. 기부는 용돈이 남아야 할 수 있는 거라고? 기부는 아주 특별한 날에만 하는 거라고? 그건 오해야. 기부를 위해 필요한 건 여윳돈이 아니라 아주 작은 것이라도 나누려는 마음이야.

왜 기부를 해야 하는지 궁금해? 사람들 사이에 서로 도우며 함께 잘 살아 보자는 문화가 널리 퍼지면 사람들 사이에 믿음이 커지게 돼. 이웃을 보살피고 환경을 걱정하고 더 나아가 지구촌 문제에 관심을 갖고 행동하는 사람이 늘어나지. 그럴수록 살기 좋은 사회를 이룰 수 있거든.

이제 용돈 예산을 짤 때 기부까지 넣어야 하는 이유를 알았지? 계획을 실천하면 자기 자신이 자랑스러울 거야. 기부하면 뿌듯함까지 얻어 갈 수 있으니 꼭 도전해 봐.

더 알아보기

 **소득의 종류**

부모님이 월급 오른 기념으로 네 용돈도 올려 줬다고? 우리 집 소득이 늘어나니까 용돈도 오르고 좋네. 소득을 얻는 방법은 집집마다 달라. 소득에도 여러 종류가 있기 때문이지.

일을 하고 얻는 소득

일을 하고 얻는 소득은 근로 소득과 사업 소득으로 나눌 수 있어. 근로 소득은 회사에 가서 일을 하고 받는 소득이야. 사업 소득은 말 그대로 사업을 하며 벌어들이는 돈이야. 식당, 옷 가게, 미용실처럼 상점을 운영하거나, 학원이나 회사를 운영하거나, 농사를 짓거나 어업을 하는 등 스스로 만든 일터에서 일하는 걸 사업이라고 하지. 그러니까 음식점을 직접 운영하며 번 돈은 사업 소득이고, 음식점에서 직원으로 일하고 받은 돈은 근로 소득이지.

재산을 이용하여 버는 돈

자신이 가진 돈이나 부동산 등 재산을 이용하여 버는 돈을 재산 소득이라고 해. 재산 소득에는 금융 소득과 임대 소득이 있어. 은행에 예금을 하고 받는 이자나 펀드와 주식 등에 투자하여 이익을 나누어 받는 배당금 등이 금융 소득이야. 임대 소득은 토지나 건물 등 부동산을 사서 다른 사람에게 빌려주고 받는 돈을 말하지.

국가에서 주는 사회 보험금

사회 보험금은 국가가 국민들에게 지급하는 돈이야. 나이가 들거나 병이 나 일을 할 수 없게 되거나, 일을 하다가 다쳤을 경우에 기본적인 생활을 할 수 있도록 돈을 주는 거지.

⭐ 알쏭달쏭 낱말 사전

금리

정해진 약속에 따라 은행 등에 돈을 맡기는 것을 예금이라고 해요. 이때 내가 맡긴 돈을 원금이라고 하고, 원금에 대해 주는 이자의 비율을 금리라고 하지요. 100만 원을 저금하고 1년 뒤에 3만 원의 이자를 받았다면 이 저축의 금리는 연 3퍼센트예요. 직접 계산하기 어려울 때에는 어른과 계산기의 도움을 받아 보세요.

은행에서 금리를 안내하는 모습이에요. 사람들은 각 은행에서 제안하는 금리를 비교한 뒤에 예금할 은행을 선택하지요.

금융 회사

돈이 여유 있는 곳에서 필요한 곳으로 흐르도록 연결하는 것을 금융이라고 해요. 돈을 빌려주고 빌리는 것을 가리키기도 해요. 금융 회사는 바로 금융이 원활하게 이루어지도록 돕는 역할을 하는 곳이죠. 은행, 증권 회사, 보험 회사, 신용 카드 회사 등이 금융 회사예요.

아래 사진은 은행에서 손님을 맞이하는 상담 창구의 모습이에요. 이곳에서 사람들은 돈을 맡기거나 찾고, 빌릴 수 있어요.

부동산

부동산은 땅이나 건물처럼 한자리에 고정되어 있어서 옮길 수 없는 재산을 말해요. 아파트나 단독 주택, 빌딩, 논과 밭 등이 모두 부동산에 해당돼요. 반대로 자동차, 냉장고, 텔레비전처럼 옮길 수 있는 재산은 동산이라고 해요.

부동산의 하나인 아파트와 빌딩의 모습이에요. 정부의 부동산 정책은 경제 뉴스에서 빠지지 않는 소식이지요.

신용

돈을 빌리거나 돈을 치르지 않고 물건이나 서비스를 산 뒤에 이를 갚을 수 있는 능력을 말해요. 신용 카드를 사용하면 카드 주인이 가진 신용만큼 미리 돈을 쓰고 정해진 날짜에 쓴 돈을 모두 갚는 형식의 서비스를 이용할 수 있어요.

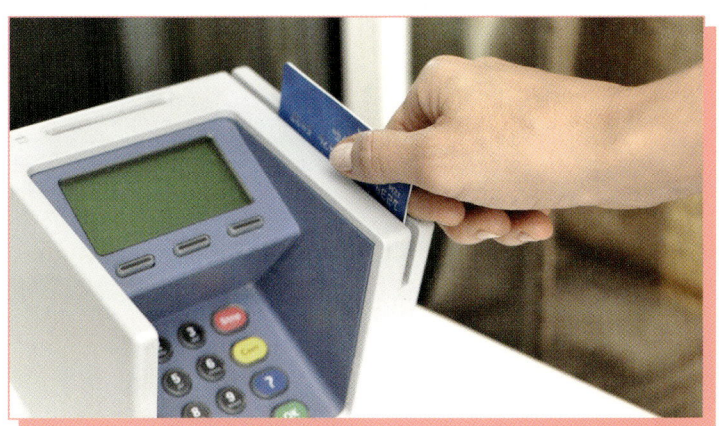

신용 카드를 사용하는 모습이에요. 신용 카드 등의 서비스를 이용하는 사람이 늘어날수록 현금 사용은 줄어들고 있어요.

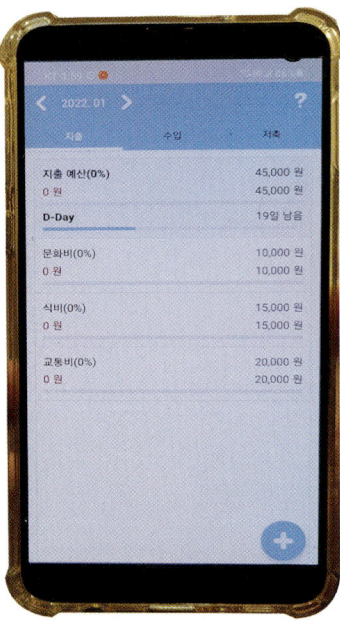

스마트폰 가계부 애플리케이션 모습이에요. 집안 살림의 들어오고 나가는 돈이나 용돈의 씀씀이를 표나 그래프로 한눈에 볼 수 있게 정리해 주는 기능도 있어 편리하지요.

예산

필요한 비용을 미리 헤아려 계산하는 것이나 그 비용을 말해요. 개인이나 가정에서 돈 쓸 계획을 세울 때도 예산을 짠다고 하지만, 주로 정부나 지방 자치 단체 또는 기업이 한 해 동안 들어오는 돈과 나가는 돈을 미리 따져 보고 세운 계획을 예산이라고 해요.

종잣돈

투자를 하는 데에 바탕이 되는 돈을 말해요. 종잣돈을 모으는 가장 기본적인 방법은 저축이에요. 종잣돈 모으는 기간을 너무 길게 잡으면 목표를 달성하기 전에 포기할 수 있어요. 그러니까 '1년 안에 종잣돈 20만 원 모으기' 또는 '용돈의 30퍼센트는 무조건 저축하기'처럼 구체적인 목표를 세우는 것이 좋아요.

종잣돈은 씨앗과 같은 돈이에요. 농부가 가을에 수확을 하려면 봄에 씨를 뿌리듯 투자를 하려면 우선 씨앗인 종잣돈을 모아야 해요.

주식

주식회사가 회사를 처음 세우거나 사업에 필요한 돈을 마련하려고 투자하는 사람에게 돈을 받고 발행하는 것이에요. 주식을 사서 회사에 투자한 개인이나 단체를 주주라고 해요. 주주는 주식회사가 벌어들인 이익금의 일부를 나누어 받을 수 있어요. 또한 회사의 경영에 관한 중요한 문제를 결정할 때 참여할 권리를 가져요.

코스피(KOSPI)는 국내 주식 시장의 상황을 알려 주는 정보 중 하나예요. 직전 거래일과 비교했을 때 시장의 상황이 좋아서 주식 가격이 올랐으면 위를 향하는 삼각형으로 표시하고, 반대로 시장의 상황이 나빠서 주식 가격이 떨어졌으면 아래를 향하는 삼각형으로 표시하지요.

펀드

투자 전문가가 고객이 맡긴 돈을 주식 등에 대신 투자해 주는 금융 상품을 말해요. 펀드는 돈을 맡기는 방법에 따라, 적은 돈을 차곡차곡 넣어 목돈을 모으는 적립식 펀드와 목돈을 한꺼번에 맡기는 거치식 펀드로 나눌 수 있어요.

⭐ 도전! 퀴즈 왕

다음 설명 중 바른 것을 모두 고르세요.

❶ 예산을 짜면 합리적으로 용돈을 관리하는 데 도움이 돼요.

❷ 아무 때나 돈을 맡기고 필요할 때마다 찾아 쓰려고 한다면 보통 예금 통장을 만들어요.

❸ 신용이 나쁘면 돈을 빌릴 수 없지만 신용 카드나 휴대폰은 자기 이름으로 만들 수 있어요.

❹ 돈을 불리기 위해 주식이나 부동산을 사는 일은 투자라고 할 수 있지만, 기업이 기계 같은 생산 시설에 돈을 들이는 건 투자가 아니에요.

❺ 근로 소득과 사업 소득은 일을 하고 얻는 소득이에요. 음식점을 직접 운영하고 번 돈은 사업 소득이고, 음식점에서 직원으로 일하고 받은 돈은 근로 소득이에요.

정답: ❶, ❷, ❺

③
우리가 물건을
만나기까지

기업과 시장의 경제 활동

물건과 서비스를 만들어 팔자!

가계, 기업 등 시장에서 경제 활동을 하는 단위를 경제 주체라고 해. 대부분의 가정은 일을 하여 돈을 벌고, 그 돈으로 텔레비전, 그릇, 옷 등 생활에 필요한 물건을 사거나 서비스를 이용해. 이와 같이 가정 살림을 함께하는 생활 공동체를 가계라고 하지. 그런데 가계에서 소비하는 수많은 생활용품, 가전제품, 각종 서비스 등을 만들어 내는 곳은 어디일까? 그런 곳을 통틀어 기업이라고 불러. 기업은 물건이나 서비스를 전문적으로 생산하는 곳이거든.

기업이라고 하면 흔히 백화점, 은행, 자동차 공장 등 직원들이 많은 커다란 회사를 떠올려. 이건 잘못 생각한 거야. 세탁소, 문구점, 떡볶이 가게, 미용실 등 돈을 벌기 위해 만들어진 조직은 크기에 상관없이 모두 기업에 속하거든.

기업의 목표는 돈을 많이 버는 것, 즉 이윤을 많이 남기는 거야. 돈을 많이 벌면 기업은 그 돈의 일부를 다시 투자해. 그럴 때 더 많은 사람이 일자리를 얻을 수 있지.

하지만 수단과 방법을 가리지 않고 돈만 벌려고 하면 안 돼. 법을 지키면서 올바르게 기업을 경영해야지. 기업은 노동자들에게 쾌적한 환경과 적정한 임금을 제공하고, 소비자를 배려하고, 환경 오염 같은 문제를 일으키지 않아야 할 책임도 있어.

가격은 기업 마음대로 해도 된다?

우리가 물건이나 서비스를 살 때 가장 먼저 확인하는 건 가격이야. 가격이 적당해야 사게 되지. 그런데 상품이나 서비스의 가격은 누가, 어떻게 정하는 걸까?

가격은 기업이 어떤 상품을 만드는 데 들어간 비용에 이윤을 더해서 결정해. 기업이 어떤 상품을 만드는 데는 여러 비용을 써. 상품을 만들기 위해 구입한 원료비, 상품을 만든 노동자의 임금, 기계나 공장을 짓는 데 들어간 시설비, 판매를 늘리기 위해 들어간 광고비 등이 들어가지. 대개 이 비용들을 얼마나 썼느냐에 따라 가격이 달라지는 거야.

이 가격을 통해 비슷한 상품을 만드는 기업끼리 경쟁을 해. 더 많은 사람이 자기 회사의 상품을 선택하게 하기 위해 가격을 낮추기도 하고, 가격을 높이는 대신 품질도 높여서 물건을 사는 사람들에게 더 큰 만족감을 주려고 노력하기도 해.

잠깐, 이런 경우도 생각해 봐. 자동차나 대형 가전제품, 이동 통신 서비스 등은 생산하려면 많은 돈이 필요해서 아무나 생산자가 될 수 없어. 이런 기업은 수가 적으니 기업끼리 짜고 가격을 높일 수 있지. 그럼 기업의 이윤은 커지지만 소비자는 비싸게 살 수밖에 없어서 피해를 입게 돼. 생산자가 아예 하나뿐일 때에는 더 문제가 심각하겠지. 이렇게 어떤 분야에서 기업 수가 적거나 하나뿐인 형태를 **독과점**이라고 해.

하지만 걱정 마. 오늘날에는 기업 마음대로 무조건 높은 가격을 매길 수 없어. 기업끼리 서로 짜고 높은 가격을 매겨서 이윤을 키우는 일은 법으로 금지되어 있거든. 뿐만 아니라 소비자 보호 단체에서도 이런 일을 감시하고 알리는 활동을 해. 잘못한 일이 알려져 소비자들이 불매 운동이라도 벌이면 기업 이미지만 나빠지기 때문에 기업도 무모하게 가격을 올리진 않아.

기업끼리 경쟁을 벌이면 소비자는 웃을까?

앞서 말했듯 기업들은 소비자들이 가격과 품질을 비교하며 물건을 고르는 걸 알기 때문에 신제품이나 새로운 기술을 개발하려고 노력해. 그리고 더 많은 소비자를 잡기 위해서 **가격 경쟁**도 하지. 그러면 소비자는 품질 좋은 제품을 싸게 살 수 있으니 좋겠지?

기업은 제품을 어떻게 광고할지도 고민해. 더 많이 팔기 위해 우리 물건을 누구에게 어떻게 알릴지 연구하지. 이런 기업의 활

동을 마케팅이라고 해. 특히 오늘날에는 기업끼리 마케팅 경쟁이 무척 치열해졌어. 그만큼 소비자는 현명한 소비를 하기 위해 더 꼼꼼하게 따져 봐야 해.

예를 들어, 편의점에 초콜릿 한 개를 사러 갔다가 '2+1 행사' 문구를 봤어. 이때 두 개를 사고 하나 더 받아 온다면 소비자에게 이득일까? 두 개 값을 주고 세 개를 샀기 때문에 싸게 샀다고 좋아할 수도 있지만, 애초에 초콜릿을 한 개만 사러 갔다는 사실을 잊으면 안 돼. 파는 사람 입장에서는 하나 사려던 사람에게 더 많이 팔도록 마케팅 활동을 한 거야. 그럼 기업에게 오히려 이득일 수도 있지.

그래서 현명한 소비자가 되기 위해서는 기업의 마케팅 경쟁에 휘둘리지 않아야 해. 무엇보다 예산에 맞추어 적절하게 소비하는 습관이 중요하다는 것, 꼭 기억해 줘.

수많은 물건을 한곳에서 만나다!

  기업에서 만든 물건들과 각 지역에서 생산한 농산물, 축산물, 수산물은 어디서 만날 수 있을까? 바로 시장이야. **시장**은 생산자와 소비자가 만나 물건이나 서비스를 거래할 수 있는 모든 곳을 말해. 남대문 시장이나 자갈치 시장 같은 재래시장뿐 아니라 슈퍼마켓, 백화점, 편의점 등도 모두 시장이지. 텔레비전 홈쇼핑이나 인터넷 쇼핑몰도 물론 시장이야.

  시장은 예부터 사람들이 많이 모이는 마을 공터, 마을과 마을이 만나는 길목이나 나루터 같은 곳에서 물물 교환이 이루어지면서 자연스럽게 생겨났어. 요즘에도 시장은 주로 교통이 편리한 곳에 자리 잡고 있어. 그래야 사람들이 찾아오기 쉽고, 물건을 나르는 비용과 시간이 줄어들잖아.

  시장에서는 우리 지역에서 생산되지 않은 물건이라도 쉽게 구할 수 있어. 마찬가지로 다른 지역에 있는 시장을 통해서 우리 지역에서 생산된 물건을 쉽게 팔 수 있지. 물건을 사고파는 일이 쉬워지면 물건을 저장하거나 보관하는 데 들어가는 돈을

절약할 수 있어. 또 시장이 있으면 다른 상인에게 판매를 맡기고 생산자는 기술 개발에만 신경을 쓸 수 있어서 물건의 품질을 향상시킬 수 있지.

그런데 꼭 물건을 파는 곳만 시장이라고 부르는 건 아니야. 다른 나라 돈을 사고파는 외환 시장, 일할 사람과 일자리를 연결해 주는 노동 시장, 집이나 땅을 사고파는 부동산 시장, 주식을 거래하는 주식 시장 등 다양한 시장이 있어.

물건이 소비자에게 오기까지

시장에 모인 물건들은 모두 어디서 오는 걸까? 학용품이나 장난감을 자세히 살펴보면 'Made in Korea'라고 쓰인 문구를 볼 수 있어. 이 물건은 대한민국에서 만들었다는 뜻이지.

소비자에게 판매하는 물건에는 이처럼 물건의 생산지인 **원산지**가 표시되어 있어. 자연에서 얻은 농산물, 수산물, 축산물을 판매할 때에도 원산지를 밝히게 되어 있어. 포장지에 인쇄하거나 스티커를 붙이기도 하고, 푯말이나 안내판에 써 놓기도 해.

원산지를 밝히는 이유는 그 물건을 파는 사람이나 기업이 생산자가 아닐 경우가 많기 때문이야. 소비자는 그걸 보고 이 상품이 어디서 왔는지 알 수 있지.

그럼 상품은 소비자에게 오기까지 어떤 과정을 거치는 걸까? 물건의 종류나 생산지에 따라서 다른 경우도 있지만, 보통은 **도매 시장**에서 **소매 시장**을 거쳐 소비자에게 전달돼. 외국에서 수입하는 경우에는 그 나라 무역 회사에 팔린 다음 배나 비행기로 우리나라까지 와. 그다음 도매 시장을 거쳐 소비자에게 오

지. 더 많은 상인을 거치기도 하는데, 이 과정이 많아질수록 물건값이 비싸져. 이런 과정을 유통이라고 해.

요즘은 생산자가 소비자랑 직접 거래하는 직거래 장터도 늘어나고 있어. 주로 지역 행사를 통해 열리는 장터나 온라인 시장을 중심으로 만들어지고 있지. 생산자가 소비자에게 직접 판매하면서 유통 과정이 줄어드니까 질 좋은 물건을 싸게 팔 수 있어서 점점 인기가 많아지는 거야.

> 더 알아보기

가격을 움직이는 보이지 않는 손!

같은 물건이라고 해도 시장에 따라 가격이 다른 경우를 봤을 거야. 그건 시장 상황에 따라 적절한 가격이 형성되기 때문이야.

사과 가격이 왜 바뀌었을까?

지훈이 부모님은 과일 가게에 갔다가 사과 가격을 보고 깜짝 놀랐어. 그저께는 사과 한 개에 1000원이었는데, 오늘은 1500원인 거야. 이틀 사이에 500원이 올랐지. 1000원이면 다섯 개 사려고 했는데, 비싸서 세 개만 사 왔대. 왜 사과 가격이 올랐냐고 과일 가게 주인에게 물어봤더니, 며칠 동안 비가 많이 내려서 과수원에서 사과를 따지 못했다고 해. 이렇게 팔 물건의 수는 줄어들었는데 사고자 하는 사람의 수가 그대로면 어떻게 될까? 당연히 가격이 오르겠지. 대신 가격이 변하면 사람들이 실제로 사는 물건의 양도 변하게 돼. 사과 가격이 1500원이 되니까 다섯 개 사려던 사과를 세 개만 산 것처럼 말이야.

수요와 공급에 따라 움직이는 가격!

가격은 시장 상황에 따라 오르기도 하고 떨어지기도 해. 시장에서 적절한 가격을 만들어 내는 건 수요와 공급이야. '수요'는 돈을 주고 상품을 사려고 하는 것이고, '공급'은 팔기 위해 상품을 시장에 내놓는 거야. 앞에서 한 사과 가격 이야기를 예로 들면, 사과를 사려는 양을 수요, 시장에 나온 사과의 양을 공급이라고 할 수 있지. 그럼 적절한 가격은 어떻게 결정되냐고? 바로 수요와 공급이 딱 만나는 지점에서 결정돼.

시장에서 조절할 수 없는 가격

공공요금은 정부가 간섭하여 가격을 정해. 버스나 지하철 등 대중교통 요금, 전기 요금, 수도 요금 등이 여기에 해당하는데, 이들은 국민들이 생활하는 데 꼭 필요한 부분에 대한 요금이야. 공공요금이 오르면 생산자가 상품을 만드는 비용과 물건 가격까지 덩달아 올라서 국민들의 살림살이가 무척 어려워지기 때문에 정부가 나서서 가격을 조절하는 거야.

⭐ 알쏭달쏭 낱말 사전

경제 주체

경제 활동을 하는 개인이나 집단을 일컫는데, 경제 주체에는 가계, 기업, 정부가 있어요. 가계는 생산 활동을 하고 얻은 소득으로 가정에 필요한 물건과 서비스를 구입해요. 기업은 생산 시설을 갖추고 일할 사람을 고용하고 원재료를 사서 생산한 물건과 서비스를 시장에서 팔아 이윤을 얻어요. 정부는 일할 사람을 고용하고 일하는 데 필요한 물건과 서비스를 구입하지요. 정부에 필요한 돈은 가계와 기업으로부터 세금을 걷어서 마련해요.

독과점

하나의 기업이 시장을 차지한 상태인 독점과 소수의 기업이 시장의 대부분을 지배하는 상태인 과점을 아우르는 말이에요. 우리나라에서는 공정 거래 위원회를 설립해 독과점을 방지하고 기업들이 공정한 경쟁을 할 수 있도록 노력하고 있지요.

아래 사진은 독과점 기업 활동에 반대하며 기자 회견을 열고 시위하는 모습이에요. 대기업이 중소기업의 상권까지 장악하는 것의 부당함을 알리고 있지요.

불매 운동

소비자들이 뭉쳐서 생산자에게 자기들의 불만을 알리고, 잘못된 일을 고치게 하려고 특정한 상품을 사지 않는 걸 말해요. 불매 운동은 소비자의 힘을 보여 줄 수 있는 가장 강력한 수단이지요.

인체에 해로운 물질을 쓴 살균제 회사를 상대로 살균제 피해자들이 모여 처벌을 요구하며 불매 운동을 벌이는 모습이에요.

원산지

원산지란 물건의 생산지로, 어떤 상품이 만들어진 곳 또는 어떤 재료가 저절로 생겨서 자란 곳이에요. 수입 소고기를 국내 한우라고 속여서 비싼 가격에 팔면 소비자는 물론이고 한우를 생산하는 농민도 피해를 입게 돼요. 이런 피해를 막기 위해 생산품의 원산지를 표시하는 원산지 표시 제도가 실시되고 있어요.

시장에서 고추의 원산지를 표기해 놓은 모습이에요. 원산지 표시 제도는 우리나라뿐만 아니라 세계 여러 나라에서 시행하고 있어요.

유통

상품이 곳곳에서 만들어져 소비자에게 전해지기까지의 과정을 유통이라고 해요. 가장 일반적인 유통 과정은 생산자, 도매 시장, 소매 시장, 소비자 순이에요. 도매 시장은 농수산물 도매 시장처럼 물건을 한꺼번에 많이 사고파는 시장을 말해요. 소매 시장은 백화점이나 편의점, 슈퍼마켓처럼 직접 물건을 사는 소비자들이 이용하는 시장이고요. 소매 시장은 도매 시장에 비해 가격은 비싸지만 필요한 만큼만 물건을 살 수 있는 장점이 있어요.

가락 농수산물 종합 도매 시장의 모습이에요. 전국 각지에서 생산된 농수산물은 도매 시장에서 가격이 결정되고 각 소매 시장으로 팔린답니다.

슈퍼마켓에 채소가 진열되어 있는 모습이에요. 도매 시장에서 유통된 채소들은 소매 시장을 통해 소비자에게 전해지지요.

이윤

물건이나 서비스를 판 금액에서 생산 비용을 뺀 나머지를 말해요. 아이스크림 가게에서 한 달간 번 돈이 1천만 원이었고, 아이스크림 재료비와 가게 운영비와 직원 월급으로 한 달에 6백만 원을 썼어요. 아이스크림 가게 주인의 이윤은 얼마일까요? 1천만 원에서 6백만 원을 뺀 금액으로, 한 달치 이윤은 4백만 원이 되지요.

편의점에서 한 개를 사면 한 개를 더 주는 1+1 행사를 하는 모습이에요. 기업은 이윤을 끌어올리기 위해 생산 비용을 줄이려고 노력할 뿐만 아니라 다양한 마케팅을 해요.

직거래 장터

생산자와 소비자 둘 다 이익을 얻기 위해 직접 거래를 하는 시장이에요. 일대일로 거래하는 방식은 가격을 저렴하게 낮출 수는 있어도 많은 시간과 노력이 필요한데, 여러 생산자의 생산물을 함께 파는 직거래 장터는 이런 불편을 덜 수 있어요. 수도권에서는 전국 각지의 생산자를 모아 시장을 열기도 하고, 촌락에서는 자매결연을 한 주변 도시와 협력하여 지역 직거래 장터를 열기도 해요.

명절을 맞이해 열린 농특산물 직거래 장터 모습이에요. 이곳에서 소비자는 각 지역의 질 좋은 농산물과 특산물을 편리하고 저렴하게 구입할 수 있어요.

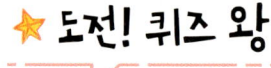

★ 도전! 퀴즈 왕

다음 내용을 잘 읽고 빈칸에 알맞은 단어를 써 보세요.

1. 물건을 만들어 낸 생산자와 물건을 구입할 소비자가 만나 물건이나 서비스를 거래할 수 있는 모든 곳을 통틀어 _____ 이라고 해요.

2. 연필, 공책, 필통 등 학용품은 공장에서 만들어진 뒤에 _____ 을 거쳐 소매 시장인 문구점을 통해 소비자에게 팔리지요.

3. 가격이 변하면 사람들이 실제로 사는 물건의 양도 변해요. 가격이 올라가면 실제로 상품을 사려는 양, 즉 _____ 는 줄어들어요.

4. 국민들의 기본 생활에 영향을 미치는 버스나 지하철 요금, 전기 요금, 수도 요금과 같은 것을 _____ 이라고 해요.

정답 1.시장 2.도매 시장 3.수요 4.공공요금

④

특명,
더 큰 시장으로 나가라!

경제 교류와 무역

무역이란 무엇일까?

때는 15세기 무렵, 튀르키예의 이스탄불에는 '그랜드 바자르'라는 큰 시장이 생겼어. 이 시장에서는 여러 나라에서 생산된 진귀한 물건들이 모였어. 중국의 비단과 도자기, 이집트의 곡물, 아프리카의 보석, 아라비아의 양탄자와 유리 제품 등 동양과 서양의 상인들이 만나 다양한 물건을 거래했지.

이스탄불은 유럽 대륙과 아시아 대륙에 걸쳐 있어서 시장이 생기기에 딱 좋았어. 상인들은 배를 타거나, 여러 날 동안 낙타나 말을 타고 이스탄불까지 왔어. 진귀한 물건을 만나기 위해서 기꺼이 먼 길을 여행했던 거야.

원래 **무역**은 이처럼 다른 지역의 상인들이 직접 만나서 서로 다른 나라에서 만들어진 물건을 바꾸거나 사고파는 것을 일컫는 말이었어. 그러다가 나라와 나라 사이에 서로 상품을 사고파는 것을 뜻하는 말로 발전했지.

그렇다면 무역은 15세기에 시작되었냐고? 아니야, 무역은 훨씬 전부터 이루어졌어. 특히 청동기 시대에는 무역이 꼭 필요했어. 구리와 주석의 합금인 청동은 당시에 도구와 무기를 만드는 데 획기적인 재료였어. 하지만 구리와 주석은 아무 데서나 구할 수 있는 게 아니었어. 구리와 주석이 생산되지 않는 곳에서는 이것들이 있는 나라에 가서 사 올 수밖에 없었어. 이런 거래가 무역의 시작이었지.

왜 무역을 할까?

무역을 하는 이유는 나라마다 처해 있는 환경이 모두 다르기 때문이야. 기후나 자연환경, 기술력, 물건을 만들 때 드는 비용 등 모든 환경이 다르기 때문에 서로 사고팔아야 하는 일이 생겨나. 필요한 자원과 물건을 자기 나라 안에서 모두 구할 수는 없으니 말이야.

어떤 나라는 자원을 다른 나라에 팔 수 있을 만큼 자원이 풍부한 반면, 자원은 부족하지만 전자 기기를 생산하는 기술력이 뛰어난 나라도 있어. 또는 아주 멋진 자연환경이나 유적지를 갖추고 있어 관광 산업이 발달한 나라도 있고, 의료 분야나 과학 기술이 뛰어난 나라도 있지.

예를 들어 우리나라는 석유가 나지 않기 때문에 사우디아라비아 등 석유를 풍부하게 가지고 있는 나라에서 수입해야 해. 대신 우리나라는 건설 장비나 자동차를 만드는 기술을 가지고 있기 때문에 기술력이 부족한 사우디아라비아에 건설 장비나 자동차 등을 수출하지.

이처럼 나라마다 가지고 있는 자원과 기술이 달라서 앞서는 분야의 제품은 다른 나라로 팔고, 그렇지 못한 분야의 제품은 다른 나라에서 사 오는 거야. 이렇게 서로 부족한 자원이나 물건을 사고팔며 경제적 교류를 하면 서로 이익을 얻을 수 있어.

다른 나라에서도 사업할 거야!

경제적 교류는 나라와 나라끼리 부족한 걸 사고파는 무역으로 끝나지 않아. 기업이 직접 다른 나라로 진출하기도 해. 본래 회사와 같은 회사를 외국에 차려서 운영하는 거지. 이런 기업을 **다국적 기업**이라고 해.

예를 들어 구글, 코카콜라, 나이키, 맥도날드 등은 본사가 미국에 있어. 미국에서 사업을 잘해서 더 많은 돈을 벌려고 다른 나라에서도 사업을 해. 삼성전자, LG전자, 현대자동차 등 한국에 본사를 둔 다국적 기업도 있어.

다국적 기업이 되면 좋은 점은 무엇일까? 어떤 나라는 수입을 제한하거나 수입한 물건에 **관세**라는 세금을 물리는 등 무역 장벽을 세우기도 하는데, 아예 그 나라에 기업이 진출하면 무역 장벽을 피할 수 있어. 노동자가 받는 임금이 싼 나라로 공장을 옮기면 생산할 때 들어가는 비용을 줄일 수도 있고.

그럼 다국적 기업이 진출한 나라 입장은 어떨까? 산업 시설이 별로 없는 나라에 다국적 기업이 공장을 세우고 세금도 내

고 사람도 채용하면 그 나라 경제 발전에 도움이 돼. 반면 자본과 기술력이 뛰어난 다국적 기업과 경쟁하면 힘이 약한 그 나라 기업들이 제대로 성장하기 힘들다는 나쁜 점도 있지.

그리고 다국적 기업 중에는 다른 나라에서 번 돈을 그 나라에 다시 투자하지 않고 자기 나라로 가져가는 기업도 있어. 그래서 다국적 기업이 부자 나라들만 더 부자로 만든다는 비난을 받기도 한단다.

세계는 경제로 연결되어 있어

전 세계는 모두 연결되어 있다고들 해. 서로 필요한 자원을 나라끼리 무역을 통해 아주 활발하게 거래하는 세상이잖아. 세계가 하나의 시장이라고 할 정도로 말이야.

우리 밥상에 올라오는 먹을거리만 봐도 쉽게 느낄 수 있어. 호주산 쇠고기, 러시아산 명태, 이탈리아산 스파게티 면, 필리핀산 바나나, 미국산 오렌지까지 아마 한국에서 생산된 먹을거리만 먹는 날은 거의 없을걸. 먹을거리뿐 아니라 우리가 사용하는 물건들 중에도 수입품이 아주 많아.

예전에는 국가가 자기 나라 기업을 보호하려고 다른 나라 상품이 무분별하게 수입되는 것을 막는 일이 많았어. 그러나 1995년 세계 무역 기구(WTO)가 설립되면서 국가 간의 자유로운 무역이 늘어나게 되었어. 덕분에 소비자는 시장에서 살 수 있는 상품 종류가 다양해져 선택의 폭이 넓어졌어. 게다가 가격도 저렴해서 물가 안정에도 도움을 주었고.

하지만 자유로운 무역으로 인해 피해를 입은 사람들도 있어. 값싼 농산물을 수입하면서 우리나라에서 생산되는 농산물이 팔리지 않아 농민이 피해를 보기도 했지. 국제 경쟁력을 가진 상품의 시장은 더욱 넓어졌지만, 그렇지 못한 상품은 국내 시장 자리마저도 빼앗기게 되었거든.

자유로운 무역으로 시장은 커졌지만 잘사는 나라와 못사는 나라의 생활 수준 차이는 더 크게 벌어지기도 했어. 자유로운 무역의 장점을 살리면서 지구촌 사람들 모두를 행복하게 할 방법은 없을까? 앞으로도 우리 모두가 고민해야 할 숙제란다.

> 더 알아보기

자유로운 듯 자유롭지 않은 무역의 세계

세계 무역 기구가 앞장서서 자유로운 무역을 장려하면서 1990년대 중반부터 세계 무역량은 엄청나게 늘기 시작했어. 그런데 2010년 후반부터 자유로운 무역을 늘리는 데 앞장섰던 나라들이 앞으로는 자유 무역 정책을 외치면서 뒤로는 보호 무역 정책을 펴는 일이 벌어졌어. 왜 그럴까?

자유 무역 정책이 시장에 끼친 영향

자유 무역 정책은 국가가 무역 활동에 간섭하지 않고, 관세와 수입 제한을 낮추어서 자유로운 무역이 이루어지도록 하는 정책이야. 자유 무역 정책을 선택하면, 다른 나라에도 상품이나 기술, 서비스를 팔 수 있는 기회를 갖게 되어 시장이 넓어져. 또한 다른 나라의 기술력에 자극을 받아서 새로운 기술이 발달하면, 무역은 세계 전체의 기술력을 높이는 효과를 일으키기도 해.
그렇지만 자유로운 무역이 잘사는 나라는 더 잘살게 하고, 가난한 나라는 계속 가난에서 허덕이게 만드는 건 사실이야. 품질과 디자인이 좋은 다른 나라의 물건을 계속해서 사들이면 경쟁력이 없는 물건을 만드는 국내 기업은 국내 시장에서 점점 사라질 테니까. 뿐만 아니라 외국산을 수입하는 것에 의존하다 보면 세계 경제 환경에 따라 국내 경제도 크게 흔들리겠지.

보호 무역 정책으로 시작된 무역 전쟁

자유 무역이 대세가 되기 전까지 많은 나라가 자기네 나라의 산업을 보호하는 무역을 선택했어. 이런 정책을 보호 무역 정책이라고 해. 이런 정책은 자유 무역 정책이 활기를 띠면서 줄어들었는데, 최근에는 미국이나 영국처럼 잘사는 나라에서 보호 무역 정책을 펴고 있대. 왜 그럴까?

미국을 예로 들어 볼게. 중국에서 생산한 값싼 물건들이 물밀 듯이 수입되면서 미국 안에서 생산된 물건보다 더 많이 팔리기 시작했어. 당연히 수출보다 수입이 많아졌지. 그러다 보니 경쟁력에서 밀린 미국의 몇몇 공장들이 문을 닫으면서 일자리를 잃는 사람들이 늘어났어. 그러자 미국은 2018년부터 중국 수입품에 대한 관세를 대폭 올리겠다고 선언하며 보호 무역 정책으로 돌아선 거야. 이렇게 미국과 중국의 무역 전쟁이 시작됐지.

⭐ 알쏭달쏭 낱말 사전

관세

수입품에 매기는 세금을 관세라고 해요. 국내 생산품보다 저렴한 가격으로 수입을 해도 관세가 높으면 가격이 비싸져요. 관세는 모든 물품에 똑같이 적용하지 않고, 물품의 필요와 상황에 따라 각각 다르게 적용해요. 예를 들면 국내 자동차 산업을 보호하기 위해서 다른 나라의 자동차에 높은 관세를 부과하기도 하지요.

배를 통해 수입품이 운송되는 모습이에요. 이렇게 배나 비행기 등으로 운송되는 수입품에 세금을 부과하고 수출입 관련 업무를 처리하는 기관을 세관이라고 하지요.

경제적 교류

개인이나 지역, 나라끼리 경제적 이익을 얻기 위해서 정보, 기술, 물건 등을 서로 주고받는 것을 경제적 교류라고 해요. 옛날에는 시장에서 주로 경제적 교류를 했지만 오늘날에는 교통과 통신이 발달하여 다양한 방법으로 경제적 교류를 할 수 있어요. 인터넷을 통해 지역의 정보를 주고받고, 대형 시장을 통해 다른 지역의 상품도 사고팔 수 있어요. 또한 각 지역이 갖고 있는 자원을 활용해 함께 사업을 벌이기도 해요. 기술 교류나 문화 활동, 운동 경기 등과 함께 경제적 교류를 하기도 하지요.

국제 경쟁력

각 나라에서 만들어진 상품들이 세계 시장에서 서로 경쟁하여 다른 나라 시장을 차지하는 힘을 국제 경쟁력이라고 해요. 새로운 기술을 개발하거나 품질이 뛰어난 상품을 만들어 국제 경쟁력을 갖추면 수출이 늘어나게 돼요. 반도체, 자동차 등은 한국이 국제 경쟁력을 갖추어 수출을 많이 하는 품목이에요.

다국적 기업

본래 회사와 같은 회사를 다른 나라에도 차려서 사업을 하는 기업을 다국적 기업이라고 해요. 기업에도 국적이 있는데, 다른 나라에 회사를 또 만들면서 국적이 둘 이상이 됐기 때문에 다국적이라고 부르는 거지요.

우크라이나에 있는 삼성전자 모습이에요. 우크라이나뿐만 아니라 세계 곳곳에 생산 공장을 세우는 등 여러 나라에 진출해 있지요.

물가

물건이나 서비스 하나하나에는 가격이 매겨져 있어요. 물가는 여러 물건과 서비스 값의 평균적인 가격이에요. 말하자면 한 바구니 안에 여러 가지 물건이나 서비스를 담고, 이들의 가격을 모두 더해서 평균을 내어 얻는 값이지요. 가격이 올라간 물건이나 서비스가 많아져서 전체의 평균이 올라가면 물가가 올라간다고 해요. 물가가 올라가면 생활하는 데 돈이 더 필요하게 돼서 살림살이가 힘들어져요. 그래서 물가는 큰 변동 없이 일정한 수준을 유지하는 것이 좋아요. 이런 상태가 지속되면 물가가 안정되었다고 해요.

마트에서 식재료의 가격을 비교하는 소비자 모습이에요. 기본적인 식재료의 가격이 오르면 소비자는 물가가 올랐다는 것을 더 크게 느낄 수밖에 없어요.

산업

경제의 모든 생산 활동을 산업이라고 해요. 기술이 발달하면서 생활을 편리하고 즐겁게 해 주는 다양한 물건과 서비스가 생겨났어요. 이처럼 생산물의 종류가 늘어나면 산업의 종류도 다양해지고 발전하게 되지요. 산업의 종류는 무엇을 어떻게 생산하느냐에 따라 구분해요. 농업, 수산업, 임업처럼 자연으로부터 천연자원이나 상품의 원료를 얻는 산업은 1차 산업이고, 제조업이나 건설업처럼 원료를 이용하여 무언가를 만드는 산업은 2차 산업이에요. 상업, 금융업, 운수업, 관광업 같은 서비스 산업은 3차 산업에 속해요.

세계 무역 기구(WTO)

세계 무역 기구는 나라와 나라 사이의 자유로운 무역을 늘리기 위해 만들어진 국제기구예요. 나라들 사이에 경제적 교류를 할 때 지켜야 할 규칙을 정하고 무역 관련 다툼이 있을 때, 이를 판결하고 조정하는 역할을 하지요.

세계 무역 기구의 공개 토론회 모습이에요. 세계 무역 기구는 가입국들이 공정하게 무역을 할 수 있도록 다양한 노력을 기울이고 있어요.

수입과 수출

무역에서는 다른 나라에서 사 오는 걸 수입, 다른 나라로 파는 걸 수출이라고 불러요. 자원이나 물건만 다른 나라로 내보내는 게 아니라 의료, 과학 기술 등을 익힌 사람들을 해외로 파견하기도 하고, 드라마, 영화, 음악 등 문화를 전 세계로 수출하기도 해요.

세계 최대 규모의 도서 박람회인 프랑크푸르트 국제 도서전 모습이에요. 박람회를 통해 다양한 외국 책을 수입하기도 하고 우리나라 책을 외국에 소개해 수출하기도 하지요.

⭐ 도전! 퀴즈 왕

왼쪽에 쓰인 설명을 잘 읽고 알맞은 단어에 줄을 이어 보세요.

1. 나라마다 처해 있는 환경이 모두 다르기 때문에 서로 필요한 자원과 물건, 기술 등을 사고파는 거예요.

   ① 다국적 기업

2. 구글, 코카콜라, 맥도날드처럼 본사는 자기 나라에 두고, 다른 나라에 진출하여 사업을 하는 기업을 가리키는 말이에요.

   ② 무역

3. 나라와 나라 사이의 자유로운 무역을 늘리기 위해 만들어진 국제기구예요.

   ③ 세계 무역 기구

4. 다른 나라에 상품이나 기술, 서비스를 파는 것을 말해요.

   ④ 보호 무역 정책

5. 자기 나라의 산업을 보호하기 위해 다른 나라 상품이 무분별하게 수입되는 걸 막는 정책이에요.

   ⑤ 수출

정답 1-② 2-① 3-③ 4-⑤ 5-④

⑤ 사람과 지구를 행복하게 하는 경제

새로운 경제 활동

착한 소비가 뭐야?

서아프리카에는 드넓은 카카오 농장이 있었어. 그곳에서 많은 기업이 초콜릿의 원료인 카카오를 수입했지. 그런데 어느 날 카카오 농장에서 어린이들이 노동을 하고 있다는 사실이 알려졌어. 카카오를 조금이라도 싸게 사려고 초콜릿 기업들이 직접

농장을 만들고 임금이 싼 어린이들에게 일을 시켰던 거야.

이런 사실이 알려지자 만드는 과정은 따져 보지 않고 무조건 싼 물건만 찾는 게 과연 올바른 소비인지 고민하는 사람들이 생겼어. 사람들은 서아프리카 지역 사람들이 직접 농장을 경영하게 하고, 더 이상 어린이들에게 일을 시키지 말자고 목소리를 냈어.

그 뜻을 실현하기 위해 정당한 가격을 주고 카카오를 거래하는 **공정 무역**을 하기 시작했어. 대신 전보다 배나 되는 돈을 주고 수입한 카카오로 초콜릿을 만들다 보니 초콜릿 가격은 당연히 비싸질 수밖에 없었지. 그래도 이를 '착한 초콜릿'이라며 기꺼이 사 주는 사람들이 있었어. 이처럼 가난한 나라의 경제 사정과 상품을 만드는 사람의 삶까지 챙기는 소비를 **착한 소비**라고 해.

이제 사람들은 더 부자가 되는 길만 쫓는 경제보다 모두 함께 잘 사는 경제에 대해 생각하기 시작했어. 이렇게 모두에게 이로운 경제 활동은 어떤 것들이 있는지 더 이야기해 볼게.

비닐봉지야, 이제 안녕!

장보기 가방은 펼치면 제법 큰데 접으면 작아져서 주머니에 쏙 들어가. 하나씩 챙겨 두고 이제 비닐봉지는 그만 쓰자. 자, 이 얘기를 한번 들어 봐. 인도네시아 발리섬에서 '비닐봉지야, 이제 안녕!'이라는 뜻의 'Bye, Bye, Plastic Bags!(BBPB)'라는 단체를 만든 두 자매 이야기야.

2013년 어느 날, 열 살 이사벨 위즌과 열두 살 멜라티 위즌은 플라스틱 쓰레기가 환경과 기후에 나쁜 영향을 끼친다는 것을 알게 되었어. 발리섬의 아름다운 바닷가에 플라스틱 쓰레기가 가득해 해양 생물과 주민들의 건강을 해치고 있었지. 그래서 두 아이는 더 이상 쓰레기들이 바다로 흘러가지 않도록 해변에 버려진 쓰레기를 줍기 시작했어.

발리섬에서 가장 많은 플라스틱 쓰레기는 비닐봉지였어. 이것만이라도 없애자는 생각을 했던 두 아이는 비닐봉지 사용 금지법을 만들자고 사람들에게 서명을 받았어. 10만 명의 사람이 뜻을 함께한다고 서명을 했지만 발리 섬의 행정을 책임지는 우두머리인 주지사와 의견조차 나눌 수 없었어. 결국 두 아이는 단식까지 했지. 이들의 활동은 더욱 널리 알려졌고, 주지사는 결국 비닐봉지 사용 금지법에 서명을 했어. 그래서 2019년부터 발리섬에서는 비닐봉지를 사용할 수 없게 되었어.

두 자매 이야기를 듣고 나니 어린이의 힘이 대단한 것 같지 않아? 어린이도 마음만 먹으면 사회를 바꿀 수 있잖아. 아주 사소하게 느껴지는 소비 습관 하나만 바꿔도 지구 환경을 살릴 수 있다는 걸 이제는 알았지? 우리 지금부터라도 상품을 고를 때 포장 재질은 무엇인지 환경에 나쁜 영향은 없는지 꼭 살펴보자.

사지 않을 거야, 빌려 쓰면 되니까!

지금까지 어떤 소비 습관이 좋은 소비 습관인지에 대해 이야기했어. 이제 새 물건을 안 사고 이미 갖고 있는 걸 활용할 수 있는 방법에 대해 생각해 보자.

만약에 네 친구가 집 앞에 자전거를 세워 둘 테니 자기가 타지 않을 때 누구든지 타도 좋다고 했다면 어떨까? 자전거를 잠깐씩 타려고 굳이 네 자전거를 사지 않아도 되겠지. 물론 친한 사이끼리만 공짜로 나눠 쓰고 말면 한두 사람의 일에 그칠 수 있을 거야.

하지만 요즘에는 원하면 무엇이든 빌릴 수 있게 변화하면서 새로운 경제 활동으로 자리를 잡았어. 이제 정부나 기업에서 운영하는 전동 킥보드나 자전거에 비용을 지불하고 이용하는 사람들을 쉽게 볼 수 있지. 이런 걸 공유 경제라고 해. 필요한 물건을 빌려서 자원을 최대한 활용하는 경제 활동이지.

사람들은 왜 이런 생각을 한 걸까? 그건 바로 환경 때문이야. 너무 많은 물건을 만들고 소비하면서 쓰레기도 늘고, 물건을 만들기 위해 자원도 많이 낭비되지. 결국 지구 환경이 점점 위태로워지는 거야.

 지구 환경은 살려야 하지만 과감하게 소비를 줄이지 못하고 어물거렸던 사람들은 공유 경제를 알게 되자 환호성을 질렀어. 빌려서 사용하게 되면 새것을 만들지 않아도 되니까 지구 환경을 살릴 수 있고, 새것을 사서 사용할 때보다 돈도 덜 드니까 좋아할 수밖에 없었지.

빌려서 사용하기는 계속해서 진화해

빌려서 사용하기는 여기서 그치지 않았어. 한 단계 더 진화한 다른 방법이 등장했어. 이제는 물건이나 서비스를 일정한 비용을 내고 정기적으로 빌려 쓰는 **구독 경제** 시대가 온 거야.

구독 경제라는 말이 낯설다면 넷플릭스를 떠올려 봐. 매달 구독료를 내면 그 달에 서비스되는 영화와 텔레비전 프로그램을 마음껏 이용할 수 있잖아.

구독 경제라는 말이 처음 나온 2007년 무렵만 해도 영화와 음악, 게임 등이 중심이었지만, 지금은 옷, 액세서리, 유아용품은 물론이고 가구와 자동차까지 구독할 수 있어. 외국에서는 비행기와 열차도 구독할 수 있다고 하니 세상의 모든 상품과 서비스를 구독할 수 있는 날이 올 수도 있겠지.

그런데 빌려서 사용하는 소비가 환경 문제 해결에 도움이 되지 않는다는 의견을 가진 사람들도 있어. 내 것이 아니라고 함부로 사용하여 물건의 수명이 짧아지니까 오히려 자원 절약이 되지 않는다는 거지. 2010년대 중반부터 중국에서 인기를 끌었

던 공유 자전거의 예를 보면 맞는 말이야. 사람들이 공유 자전거를 험하게 사용해서 5년도 되지 않아 망가지고 부서진 자전거가 산더미처럼 쌓이게 되었거든.

　빌려서 사용하는 일이 지구를 살리는 소비 활동이 되려면 앞으로 어떻게 하면 좋을까? 빌려서 사용하기가 활발해지기 시작한 지금 우리도 반드시 고민해 보아야 할 문제야.

버리지 말고 팔거나 나누어 봐

작아서 못 입게 된 옷을 중고 물품 플랫폼에 무료 나눔으로 올려 본 적 있어? 옷이나 신발은 그냥 수거함에 넣으면 재사용할 사람을 찾지 못해서 그냥 버려질 경우가 흔하대. 그러니까 중고 거래로 새 주인을 찾아 주면 지구 환경을 지키는 데 한몫할 수 있지 않을까?

필요하면 빌려 쓰는 소비 방식은 한 걸음 더 나아갔어. 내게 필요 없는 것을 남에게 주거나, 내가 필요한 것을 받아서 사용하는 소비로 발전했지. 그래서 중고 물품을 사고팔거나 무료로

나누는 소비가 활기를 띠게 된 거야.

어느 집이나 사용하진 않지만 버리지 못하는 물건들이 제법 있잖아. 이런 물건들이 새 주인을 찾아 다시 사용되면 새롭게 태어나는 셈이야. 버리는 대신 팔아서 용돈도 쏠쏠하게 벌고, 쓰레기가 줄어드니 환경 문제 해결에도 도움이 돼. 게다가 쓰레기 처리 비용까지 절약할 수 있으니 세 마리 토끼를 한꺼번에 잡는 셈이지?

이제는 물건뿐만 아니라 재능이나 경험까지 나누는 일이 점점 늘면서 사람들의 가치관도 달라지고 있대. 내가 가진 비싼 물건을 통해 자신을 자랑하는 '나' 중심의 문화에서 서로 도우며 함께하는 경험을 중요시하는 '우리' 중심의 문화로 바뀌고 있다는 거야. 그렇다면 버리지 않고 팔거나 나누는 것은 네 마리 토끼를 한꺼번에 잡는 소비 방식인가?

앞으로 우리가 소비하는 것 하나에도 여러 가지 가치를 담을 수 있다는 걸 꼭 기억해 줘. 서로 도우며 살아야 한다는 이야기와 지구 환경을 지키자는 이야기까지도 모두 경제에 담겨 있는 가치라는 걸 말이야.

더 알아보기

어떤 소비자가 될까?

기업들이 수익금의 일부를 어려운 사람들에게 기부하고, 도서관을 지어 주고, 나무를 심는 등 사회를 위한 활동을 늘리고 있어. 소비자들이 이런 활동을 잘 실천하는 기업의 제품을 사 주고 인색한 기업의 제품은 외면한다면 기업들도 사회를 위한 활동을 점점 더 늘리겠지? 그러니 소비자는 세상을 바꿀 힘을 가졌어. 그렇다면 우리는 어떤 소비자가 되어야 할까?

스마트슈머(smartsumer)

스마트(smart)와 소비자를 뜻하는 컨슈머(consumer)를 합친 말이야. 즉, 제품의 다양한 정보를 비교하고 분석해 최적의 소비를 하는 '똑똑한 소비자'야. 발레를 배우며 건강 관리를 하고 동시에 문화생활까지 즐기는 등 하나의 소비를 통해 여러 효과를 누리기도 하지.

리더슈머(leadersumer)

건전한 소비 문화를 이끌어 다른 사람들에게 영향을 주는 소비자를 이르는 말이야. 올바르고 합리적인 소비를 실천하고 공유 경제처럼 가치 있는 새로운 소비 방식을 알리는 데 앞장서지.

소셜슈머(socialsumer)

자신의 만족뿐 아니라 기업의 사회적 책임을 강조하며 사회에 영향을 끼칠 수 있는 소비 활동을 하는 소비자들을 일컬어. 사회 전체에 혜택이 되는 착한 소비를 좋아하지.

그린슈머(greensumer)

자연을 상징하는 그린(green)과 컨슈머(consumer)를 합친 말로 친환경 제품을 구매하는 소비자야. 우리말로 '녹색 소비자'라고 해. 유기농 먹을거리와 화학 성분이 첨가되지 않은 식품, 천연 소재의 옷이나 생활용품, 재활용 소재를 활용한 제품, 환경을 해치는 물질을 사용하지 않은 제품, 탄소 배출량이 적은 제품, 전기를 절약하는 제품인지 따져 보며 소비해.

⭐ 알쏭달쏭 낱말 사전

공유 경제

소유하지 않고 필요한 만큼 빌려 쓰는 모든 소비 활동을 말해요. 예전에는 기업이 물건과 서비스를 생산하고 개인은 이를 소비하는 역할을 담당했다면, 공유 경제에서는 공급하는 곳과 소비하는 곳 모두 개인이고, 기업은 이들을 연결하는 역할을 해요. 예를 들어 에어비앤비를 통해 숙소를 구하면, 숙소를 빌려주는 집주인과 숙소를 구하는 여행객은 개인이고, 집주인과 여행객을 연결해 주는 역할을 하는 건 에어비앤비라는 회사죠.

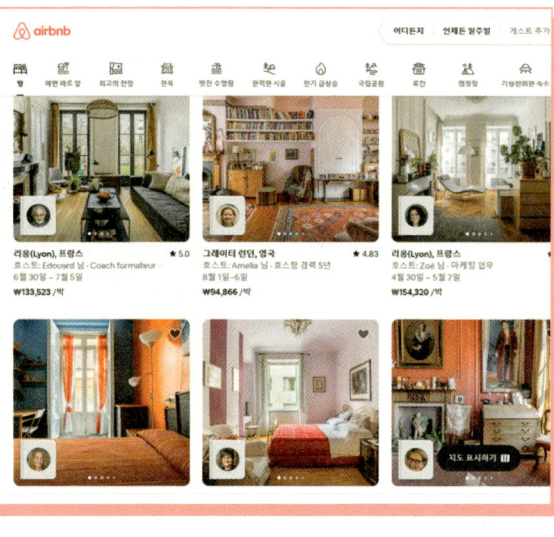

에어비앤비 홈페이지(www.airbnb.co.kr)나 애플리케이션 등을 통해 자신의 집을 빌려주고 싶은 사람과 집을 빌리고 싶은 사람들이 서로 정보를 교환하고 구매해요.

서울시에서 운영하는 공공 자전거의 모습이에요. 이러한 자전거 공유 서비스나 공유 전동 킥보드 이용자가 점점 많아지면서 사람들이 공유 경제를 가깝게 받아들이기 시작했어요.

공정 무역

공정 무역은 생산자가 노동의 대가를 제대로 받을 수 있도록 정당한 가격을 주고 거래하는 무역이에요. 수입자에게만 유리한 무역을 하지 말고, 수출자에게도 공정한 무역을 하자는 것이지요. 아프리카, 아시아, 남아메리카 등에 있는 가난한 나라 사람들이 부당한 대우를 받거나 피해를 입지 않고 농장을 운영할 수 있게 하자는 뜻도 담겨 있어요. 지금은 카카오나 커피뿐 아니라 패션 소품, 수공예품 등 공정 무역 대상이 되는 상품이 점점 늘어나고 있어요.

공정 무역 커피를 판매하는 기업에서 공정 무역 확대를 호소하는 캠페인을 벌이고 있어요.

국제 공정 무역 기구를 통해 공정 무역 상품이라는 걸 인정받은 뒤에 상품에 부착할 수 있는 인증 마크예요.

무료 나눔

자기가 사용하지 않는 물건을 다른 사람에게 돈을 받지 않고 주는 것을 무료 나눔이라고 해요. 지나친 생산과 소비로 인해 지구 환경이 파괴되면서 기후 변화, 오존층 파괴, 멸종 동물 문제 등이 심각해졌어요. 무료 나눔은 이런 문제를 해결하는 데 도움이 돼요. 버려질 물건을 필요한 사람이 다시 사용하면 그만큼 새 물건을 만드는 데 들어갈 자원을 절약할 수 있으니까요.

중고 물품

중고 물품은 이미 사용했거나 오래된 물건이에요. 새것에 비해 훨씬 저렴한 가격으로 사거나 무료로 얻을 수도 있어서 필요한 물건이 있으면 중고 물품부터 찾아보는 사람들도 있어요. 플랫폼을 통한 중고 물품 거래가 활발해지면서 더 이상 필요 없는 물건을 버리지 않고 중고 물품으로 파는 경우도 늘어났어요.

아파트 단지 운동장에 열린 플리 마켓 모습이에요. 벼룩시장이라고도 하지요. 중고 물품을 사고파는 플리 마켓에 대한 시민들의 관심이 높아지면서 지역 단체나 기업을 통해 다양한 플리 마켓이 열리고 있어요.

친환경

자연환경을 오염시키거나 훼손하지 않고 자연 그대로의 모습을 활용하고 보존하는 것을 말해요. 요즘에는 친환경 에너지를 사용하고, 환경 오염을 일으키는 물질을 줄이거나 넣지 않겠다는 친환경 정책을 앞세운 기업들이 늘어나고 있지요. 소비자는 일회용품 사용 줄이기 등을 통해 친환경적인 소비를 실천할 수 있어요.

전기 자동차를 충전하는 모습이에요. 친환경 에너지를 사용하는 교통수단이 더 발달하기 위해서는 기업의 노력과 정부의 정책뿐 아니라 소비자의 현명한 선택도 중요해요.

플랫폼

원래는 열차를 타고 내리는 장소를 부르는 말이었지만, 오늘날에는 다양한 종류의 서비스나 시스템을 누구나 쉽게 활용하기 위해 개방되어 있는 기반이나 틀을 가리키지요. 유튜브처럼 누구나 자유롭게 동영상을 올리고 보는 시스템을 제공하는 온라인 웹이나 애플리케이션은 물론이고, 누구나 이용할 수 있는 오프라인 공간 또는 모임 안의 사회적 합의나 규칙까지도 플랫폼이라고 해요.

아래 사진은 공연 물품 공동 이용 플랫폼 '무대곳-간'의 모습이에요. 공연 창작자와 공연 단체가 무대 의상, 소품 등을 재사용하기 위해 공연 물품을 모아 공유하는 장소를 마련한 거예요.

⭐ 도전! 퀴즈 왕

자음만 보고 알맞은 단어를 맞혀 보세요.

1. 공정 무역으로 수입한 카카오로 만든 초콜릿은 다른 초콜릿보다 비쌀 수밖에 없어요. 그래도 가난한 나라의 경제 사정과 상품을 만드는 사람의 삶까지 챙기는 ㅊㅎㅅㅂ를 하는 사람들은 기꺼이 이런 물건을 사지요.

    ㅊ ㅎ ㅅ ㅂ

2. ㄱㅇㄱㅈ는 물건을 소유하지 않고 필요한 만큼 빌려 쓰는 모든 소비 활동을 말해요. 에어비앤비는 사용하지 않는 방을 가진 집주인과 이를 빌려서 사용하려는 여행객을 연결해 주는 ㄱㅇㄱㅈ 기업이에요.

    ㄱ ㅇ ㄱ ㅈ

3. ㄱㄷㄱㅈ는 물건이나 서비스를 정기적으로 빌려 쓰는 소비 방식이에요. 매달 구독료를 내면 그 달에 서비스되는 영화나 텔레비전 프로그램을 마음껏 볼 수 있는 넷플릭스 덕분에 널리 알려졌어요.

    ㄱ ㄷ ㄱ ㅈ

정답: 1. 착한 소비 2. 공유 경제 3. 구독 경제

• 사진 제공_ 연합뉴스, Wikipedia

글쓴이 석혜원

서울 대학교 가정관리학과를 졸업하고, 연세 대학교 경영대학원에서 경제학을 전공했다. 메트로은행 서울지점장 겸 한국 대표를 지냈다. 지은 책으로는 『주식회사 6학년 2반』, 『용돈 좀 올려 주세요』, 『잘사는 나라 못사는 나라』, 『질문하는 경제 사전』, 『둥글둥글 지구촌 경제 이야기』, 『장바구니는 왜 엄마를 울렸을까?』, 『대한민국 경제의 역사』, 『시장과 가격 쫌 아는 10대』, 『국제거래와 환율 쫌 아는 10대』 등이 있다.

그린이 이창우

부산 대학교 미술학과를 졸업하고 일러스트레이터가 되어 만화와 그림을 그리고 있다. 그린 책으로는 『너무 재치 있어서 말이 술술 나오는 저학년 속담』, 『뼈만 남았네! 공룡과 화석』, 『고수의 몸짱 비법 운동과 다이어트』, 『미생물은 힘이 세! 세균과 바이러스』, 『아큐정전』, 『그림자 세탁소』, 『초등과학Q 지구를 부탁해』, 『학교 전설 탐험대』 등이 있다.

14 시장과 경제

사회는 쉽다!

1판 1쇄 찍음 2023년 6월 21일
1판 1쇄 펴냄 2023년 6월 30일
글 석혜원 **그림** 이창우
펴낸이 박상희 **편집장** 전지선 **편집** 최민정, 고양이 **디자인** 정다울
펴낸곳 (주)비룡소 출판등록 1994. 3. 17(제16-849호)
주소 06027 서울시 강남구 도산대로1길 62 강남출판문화센터 4층
전화 02)515-2000 **팩스** 02)515-2007 **홈페이지** www.bir.co.kr
제품명 어린이용 반양장 도서 **제조자명** (주)비룡소 **제조국명** 대한민국 **사용연령** 3세 이상

ⓒ 석혜원, 이창우 2023. Printed in Seoul, Korea.

ISBN 978-89-491-2514-5 74300/ 978-89-491-2500-8(세트)